# 溯千秋

## 传统节日古风插画

时代印象　编著

人民邮电出版社
北京

图书在版编目（CIP）数据

溯千秋 : 传统节日古风插画 / 时代印象编著. --
北京 : 人民邮电出版社, 2018.1
ISBN 978-7-115-47055-3

Ⅰ. ①溯… Ⅱ. ①时… Ⅲ. ①节日－风俗习惯－中国
－通俗读物 Ⅳ. ①K892.1-49

中国版本图书馆CIP数据核字(2017)第258664号

## 内容提要

中国的传统节日是中华民族悠久历史文化的重要组成部分，是长期积淀凝聚的精华。节日这个概念对于大家来说可能是抽象的，鉴于此，本书从全新的拟人角度出发，将15个传统节日的特点和习俗用画面的方式呈现给读者。每个节日都配有自创的小故事，让节日变得“有血有肉，意味深长”。本书旨在让读者去品味文化的精华，并爱上传统文化。本书附带一册线稿集，供读者涂色，让读者可以感悟笔下那人那景的魅力。

本书适合传统文化爱好者、美术爱好者、涂色爱好者阅读和使用。

◆ 编　　著　时代印象
责任编辑　张丹阳
责任印制　陈　犇

◆ 人民邮电出版社出版发行　　北京市丰台区成寿寺路11号
邮编　100164　　电子邮件　315@ptpress.com.cn
网址　http://www.ptpress.com.cn
北京捷迅佳彩印刷有限公司印刷

◆ 开本：889×1194　1/16
印张：7.25　　　2018年1月第1版
字数：182千字　　　2018年1月北京第1次印刷

定价：69.00元

**读者服务热线：(010)81055410　印装质量热线：(010)81055316**

**反盗版热线：(010)81055315**

**广告经营许可证：京东工商广登字 20170147 号**

PREFACE

# 前言

本书献给喜欢中国传统文化的你。

每年我们都在过各种各样的节日，在每个特定的节日，给大家讲节日的来源、纪念意义，讲相关的故事和人。“节日”二字给大家的感觉多是抽象的，这使我们不禁想到：每个节日都有自己的拟人化形象，将过节的风俗、象征物融入画面中，这样可以更容易记住这些节日，引起共鸣。这就是编著这本书的初衷。每个画师积极参与其中，从个人角度，以画的形式为读者展现每个具有特殊意义的节日。文字作者根据自己的理解，写出了一个个衍生的自创节日小故事。

如果这本书里某幅画、某个故事闯入了你的心田，一个不经意，勾起了丝丝涟漪，让你更加了解并爱上传统文化，那就实现了本书的真正价值。

感谢读到这里的你。

# 目录 CONTENTS

# 春节

Spring Festival

◇ 鸦青染/绘 ◇ 鸦青染/文

我们一起看过冰雪初融草长莺飞，一起抚摸过树叶间隙洒下的温暖阳光，经历过秋高气爽红枫漫山，终于看到雪满长安，马蹄声声。

耳中听到远处爆竹的喧嚣，放眼望去，漫天纷飞的晶莹中夹杂着热闹的红，天地间都沾染了烟火的俗世气息。

爆竹声声辞旧岁，热热闹闹中迎来新一年的惊喜和期待，周而复始，是结束，更是开始。

朝霞远铺，夕阳晚照，日复一日，最怕匆匆。

春回大地
翠柏苍松点神州千古秀
朝霞夕照染就江山萬年春

## 春节

小院子的角落，雪地上一串调皮的梅花印，是陪伴，是守护，不需要言语。你也看到飘雪的温柔，你也闻到空气中叶子的清香。

拂过眉梢的雪花，温柔了冬日里那一抹如花的笑颜。飞扬的点点碎红，点缀了满目的江山如画。

飞檐一角下，淼淼的茶香悠荡，收起轻叹，静静地等待一场花开。跳跃的灯火照映出隽永，是归人，是重逢……

# 元宵

Lantern Festival

詹詹詹小花／文
詹詹詹小花／绘

长安街上数不尽的花灯，延绵不绝，放眼望去，也看不见花灯从哪里开始，从哪里结束。

昏黄的烛光照着暖阁，映出的影子也莫名的消瘦。

『去年元夜时，花市灯如昼。月上柳梢头，人约黄昏后。今年元夜时，月与灯依旧……』

# 元宵

『哎……』她轻轻地叹息，手里的绢纱被揉作一团。

俄而，一缕芝麻的香味飘进小楼，她耸动着鼻头，轻轻地嗅着略微熟悉的味道。

她放下手里的绢纱，起身走到窗边，推开窗户，摊贩的叫卖和游人的嬉闹声涌进耳中，思绪飞到了去年。

『天寒难锁新春意，炉暖宜烹白玉丸。元宵佳节若不吃上一两碗，岂不白过一年。』

『你呀！贪吃都有这么多的借口。』

『喏，给你。』

“你猜猜那个灯谜写的是什么？”

『树儿睁开眼，小子屋下眠，良心去一点，日落残兔边。』男子顺着她指的方向喃喃道。

『是什么？猜不出来。』

『不告诉你。』

想到这些，窗边的她嘴角微扬，皱紧的眉头也舒展开来。

# 头牙

Spring Dragon Festival

◇饭饭千帆／绘
◇饭饭千帆／文

天边有一团很漂亮的云彩，在朝阳里，被镶上了金边。

她抬头，眯起细长的眼睛，微笑着看着那团云彩。

『很像一条龙呀！』她开心地低喃。

东风吹来，柔柔的，拂过她的脸颊，打乱了她的发丝。耳鬓的发饰也随风叮叮当当地响了几声。低下头，她拢了拢头发，将它们挂到微红的耳后。

不经意间，她瞥见了肩头的一片花瓣。小小的，也是粉红色。

『哪里来的花瓣呢？今年的春天已经来了吗？』她四处望去。

只见南边的小山坡上，隐约有一点淡粉色。

又一阵风拂过，像顽皮的孩子，撩起了她耳鬓处的步摇和耳后的碎发。其间裹挟着些许花瓣，从她眼前掠过，像翩飞的蝶。

朝着小山坡走去，她隐约看到了一棵大大的海棠树，结满了娇艳的花苞，有几朵已经迫不及待地开放了。一阵风吹来，花瓣便乘着风，向远处翻飞舞动着离去。

『……嘻嘻嘻……』

咦？哪里来的嬉笑声？

她循声抬头，只见金色的阳光透过嫩绿色的枝叶和娇红色的花苞，洒了下来，在她眼前晃动着。满树的花苞像一群仙子，摇曳着娇笑。

于是，她站在那里静静地看着，任风儿将她一身淡绿色的衣裙吹起，跟着海棠花一起娇笑，颤动。

『砰咚呛！』

锣鼓声打破了她的遐思。她往山下看去，一队红衣锣鼓队舞过，为首的一人身穿红衣，头戴大傩面具，身后跟着舞龙的队伍。

『原来……』她摸了摸微凉的脸，笑道，『今天是二月二呢！』

# 寒食

Cold Food Festival

◇ 木实君 / 文　◇ 木实君 / 绘

园子里的郁金香和杜鹃花开得正好，她轻轻地走过，一盆一盆仔细地侍弄着。今年的花依旧美艳无比，却没有往年热闹的光景。她慢慢地从身旁的篮子里取出香炉，燃香插入炉中。

『今年我没有去坐杏花树下的秋千，也没去没有你的诗会。』她轻声说道。

她又从篮子里取出几支柳枝：『但你说过，柳枝是不能少的，不能忘记介子推的贤能。』

微风吹过，她拢了拢头上帷帽的薄纱。远处的海棠花乘着微风飘落，撒了一地。

# 溯千秋

传统节日古风插画

线稿集

◆鸦青染\绘

詹詹詹小花 / 绘

◆饭饭千帆／绘

饭饭千帆／绘

◆ 六花染雨 / 绘

阿蝎虎/绘

飞霜／绘

妩酥／绘

◆台风/绘

◆阿蝎虎／绘

◆ GUTANG川朝君/绘

银色骐骥／绘

策划编辑：刘　潇　文　婧　张丹阳
助理编辑：孙金鑫
美术编辑：李梅霞
封面设计：轻 · 设计

数艺社教程分享
微信号：szysptpress

ISBN 978-7-115-47055-3
ISBN 978-7-115-47055-3
定价：69.00 元

分类建议：绘画 / 插画
人民邮电出版社网址：www.ptpress.com.cn

寒食插柳：柳为寒食节象征之物，原为怀念介之推追求政治清明之意。

杜鹃花，唐代诗人曹松的《寒食日题杜鹃花》诗曰：『一朵又一朵，并开寒食时。』

# 杏花

诗人王崇献的《见杏花》诗曰：『杏花何处最嫣然，醉眼摩掌十里烟。三月清明新雨后，孤村芳草夕阳边。』

## 小物

寒食蹴鞠：盛行于唐。

寒食咏诗：寒食节时，文人们或思乡念亲，或借景生情，感慨颇多，灵感顿生，诗兴大发，咏者甚多。

寒食冷食：寒食节也叫『禁烟节』，家家禁止生火，都吃冷食。

扫墓祭祖：寒食节扫墓祭祖。

柳，唐代诗人韩翃的《寒食》：『春城无处不飞花，寒食东风御柳斜。』

郁金香，诗人杨基的《到江西看花次韵》云：『东湖东畔柳枝长，满苑飞花乱夕阳。何处祓除儿女散，过来流水郁金香。』

# 海棠花

宋代刘子翚的《海棠花》诗云：『种处静宜临野水，开时长是近清明。』

寒食秋千

秋千原为古代寒食节宫廷女子游乐项目。

# 清明

Qingming Festival

◇ 台风君/绘　◇ 台风君/文

江南的烟雨总是绵绵不尽，尤其到了这清明时节，雨从昨夜就开始下，直到辰时都不见阴云散去。

珠落玉盘淅淅沥沥，青山绿水一片朦胧。远郊外的一处孤坟，葬的也不知是何人。

远方缓缓走来一个人。

走得近了，才发觉她已是一头白发，垂垂老矣。

她静静地站在坟前燃了一柱香，道："你总对我说，清明不戴柳，红颜成皓首。如今你长眠荒冢，我已雪鬓霜鬟，可省去了这规矩？"

微风吹动，袅袅孤烟似是引着一缕魂魄，继而消散在风中。

她一笔一画拂过碑上模糊的字迹，又坐在碑前看了许久，直至香已燃成灰烬，才慢慢起身。

"明年这个时候，我再来看你。"说罢便转身离去。

行至树下，她拈起一条垂柳，驻足而立。不知她想了些什么，便将那条柳枝折了下来，编成了柳圈戴在头上。

乌云消散，阳光熹微。

她于依依垂柳之中淡然一笑，又蹒跚离去。

# 清明

昔我往矣，杨柳依依。仿佛又是当年，她穿着一身绿袄花裙，身披杏花，从柳辫莺娇中走来，又向沧桑人世走去。

# 端午

◇苏岸aoi/绘　◇苏岸aoi/文

Dragon Boat Festival

阿姐云喜还是没有见到他……

我抱着手炉，听阿姐讲前人的故事。这时，阿姐总会望着窗外，眼里闪闪发光。

『哒哒哒……』马蹄声过后，门外站着一位英俊的男子。

父亲说他是友人之子，会在北国待上一段时间。

缘起既定。

阿姐云喜性子大方，不似闺中小姐般娇柔婉约，整个江城都找不出像阿姐这样的姑娘。

庭雅到来的第一天，到处都是阿姐闹腾的声音，之后阿姐总是有理由去找庭雅。

端午节那天，我去阿姐房里找她，她正对着一面墙喃喃自语。原来，阿姐想邀请庭雅去踏青采艾，正在房里练习对语，这样的她我还是头一回见。

端午节那晚，他们并排坐在山坡上，望着夜里的江城。

月光如银，洒落满身。虫鸣阵阵，凉风习习，让人沉醉。

阿姐指向山下，江城灯火如昼。

“很美吧？”

“很美，人间绝色。”他望着阿姐，微起唇回答道。

“传说南边小国有一株奇花，花期极短，如果相爱的人碰触，它就会发光。也不知道是不是真的。”阿姐托着下巴痴痴地说。

“云喜，你想看吗？”

“嗯。”

“我会找到它的。”

他温柔的语调和独特的嗓音让人很舒服，一时间竟让阿姐呆住了。

庭雅也有明亮生动的笑容和闪闪发光的眼睛。

阿姐说，当一个人有所期待的时候，眼睛就会发光。

那一刻，我发现云喜变了，她异常温柔。

转眼间，他要离开北国了。

阿姐送他到渡口，高大的他怀抱着阿姐，四目相对。他为阿姐拂去泪水，手指摩挲着阿姐的长发，青丝绕指柔，他终究离去。

阿姐一直站在渡头，看他远去。

所有人都觉得他会回来，会来接阿姐。

阿姐拒绝了前来提亲的人。渐渐地，阿姐不再笑了。

家里的下人说他和另一个女子成亲了，还有人说他遭遇不测，被奸人暗害。

我问阿姐，阿姐告诉我，希望他成亲，过着美满的日子。

阿姐总说我长得比他还高了。说起他时，眼眸里还会有光一闪而过，抓都抓不住，最终归于沉寂。

后来，云喜出嫁了。迎亲队伍浩浩荡荡。

看着轿子消失在视线的尽头，我早已泪流满面。

新郎不是他。

“云喜。”

“嗯？”

“我的名字，云喜。既见君子，云胡不喜。”

# 七夕

Qixi Festival

飞霜／绘

飞霜／文

说到七夕，绝大多数人想到的必然是爱情。七夕有牛郎织女鹊桥相会的传说。相传每年七月初七这天，喜鹊会飞到天上去，搭成鹊桥，让牛郎和织女会面。

尘世的女子们也借这天有了各种活动：拜织女、穿针乞巧、晒书晒衣、种生求子等。七夕也叫乞巧节，在古代相当于妇女节，后来被赋予了牛郎织女的传说，成了类似情人节的一个节日。毕竟牛郎织女一年一相会，更显爱情的忠贞不渝。

Q i x i   F e s t i v a l

## 七夕

农历七月已至秋月，诗经有云：『七月流火。』流火是心宿，流火西降，虽白日依旧烈日，但晚上已经渐凉，知暑渐退而秋将至。这个时候，也是观星的好时候。牛郎星和织女星被银河分隔两岸，那么令人哀叹，那么，喜鹊们啊，快快搭成鹊桥，让这对有情人见一面吧，去帮他们谱写爱情的神话。古人就是这么浪漫，能把繁星点点的星空想得那么美。

西风多少恨 吹不散眉

# 中元

◇妩酥／绘 ◇渡野／文

*Ghost Festival*

传闻七月半是地官生辰，那夜鬼门大开，白鬼尽出。生人需用新米祭供，以求祖先护佑，恭送百鬼回程。因其日期在三官生辰居中，故又称中元节。

中元节，即中国的鬼节。

飒飒的风吹动他的衣摆，他从鬼门中出来，飘行着，带着些许紧张，些许惶恐，向记忆中的地点前进。阴槐墨柏，平碑土堆，那是他离开阳世的地方。

◇妩酥／绘
◇渡野／文

# 中元

距离越近越情怯，他不知那人今日是否前来。他想再看看那人，却又不愿意那人囿于回忆，形存神亡。目的地愈发近了，明知道无人能瞧见自己，手却还是不自觉地理了理自己的衣裳。因为那人最重仪容。

他听到了那人的声音，那人还是来了。

『喂……你知道吗……表姐嫁给了谢伯清……嗝……你死了以后，她还向我求亲呢……不过我……嗝……拒绝了。』那人顿了一下，像是迟钝的神经意识到了什么，马上道：『是我配不上她，才不是因为你！』语毕，又是良久的沉默。

『我知道你在……今天可是中元节……你肯定会来看我……嗝……我告诉你，我生气了……要罚你在奈何桥多等我几年。我不到，你不许走……』那人似乎彻底抛弃了自己一直坚持的什么大家风仪，毫无形象地抱着石碑闹着。而他静静地坐在一边，带着一抹无奈而宠溺的笑，虚抚着那人的背，道：『好。』

# 中元

『……谁稀罕你救……嗝……你死了我高兴得不得了，一口气吃了三大碗饭……嗝……你要是知道了，肯定要说我，可是……嗝……你死了啊，哈哈……嗝……你死了谁还来管我呢……』那人毫无形象地瘫坐在地上，口齿不清地喃语，脚边是翻倒的酒瓮。

他应该高兴的，这棵芝兰玉树终于为他垂下了骄傲的枝丫。可是，他看了看自己虚幻的身躯，万般情感都化作一声叹息。

# 中秋

Mid-Autumn Festival

◇六花染雨/绘

◇青山、六花染雨/文

她小心翼翼地把四块月饼叠着放在那晶莹剔透的玉盘中，然后采了一小枝桂花作为装饰，丝丝桂花的香味仿佛传达着思念的味道。沏上一壶茶，静静地坐在桌案边，抬头看着天上皎洁的明月。

Mid-Autumn Festival

# 中秋

已经八月了，却仿佛还能听见蝉的声音。风掠过竹林，传来沙沙的响声。

突然，女子惊起，欢快地朝门口飞奔而去。打开大门，四周都很安静，月亮依然挂在洁净的天空中，但她能听见，那是马蹄声，一定是。

她在门口一直向远处眺望。终于，在远处看见了几匹飞奔的马，她死死地盯着，生怕漏掉了什么。马越来越近，零散的马蹄声让她觉得心里一颤，她的眼神也一直在几匹马上来回地搜索。

中秋

“对不起，我们只带回了将军的头盔。将军说，哪怕只剩下一块衣角，也要带回来与夫人团聚。”
她看着满是血迹的头盔，颤抖着接了过来。
今天是中秋节，也是团圆夜。

# 重阳

Chongyang Festival

◇ 渡野 / 文　◇ 妩酥 / 绘

『菊花黄，黄种强；菊花香，黄种康；九月九，饮菊酒，人共菊花醉重阳……』孩童清脆纯真的童音唱着节日的歌谣。幼小的人儿还不能理解节日独特的内涵，只是被那热烈的气氛带着一起欢喜，一个两个穿行在街头巷尾。

# 重阳

重阳节，又称为重九节。每逢此日，民间家家户户都是举家登高踏秋，所以，这又是一个勾起游子思乡情怀的日子。

他一个人拎着酒壶，慢腾腾晃悠悠地走在幽静的山间小径中，不时还灌上两口。他欲前往的地方比较偏僻，所以正好避开那喧闹的人潮。思乡之情，应该一个人发酵。

人声渐远，鸟鸣山幽，几丛菊花更衬青松的冷清。当他登高而立时，眼前终于豁然开朗，又是耐不住微醺，斜倚着青松，极目远眺。残阳似火，北雁南飞。

风不知从哪又勾来了些许嬉闹声，这朦朦胧胧的声响裹着醉意带着他回到了记忆中的那个地方。九月九，放纸鹞；九月九，线爱长，阿兄阿姊嬉闹忙，风吹茱萸满山冈，家人登高盼回乡。

他们现在应该也在想我吧。

他为了支撑家族门楣，早早离乡，来到了这座繁华喧闹的都城。他不是一个软弱的人，更是清楚地知道自己的追求。但是人皆有情，他当然也不例外。每年那几个特定的日子，他还是忍不住去思念，去怀念，那个平淡的小镇，那段无忧的时光。

携壶酌流霞，搴菊泛寒荣。

望乡九月九，清歌莫断肠。

这一日，就以菊酒配流霞，余晖斜映，聊以慰思乡之情。

# 下元

Xia Yuan Festival

阿蝎虎/绘

长雾/文

农历十月十五这日，顾生与同窗游灯会。

灯市流光溢彩，灯彩有绢纱灯，也有明角灯，光华渺渺。华贵的缀以琉璃，纤巧的绘有古今故事。又有灯树、灯轮等金银饰之，有舞龙灯者走街串巷，有歌舞百戏声乐嘈杂，一路上火树银花……

下元好景

烂熳溪桥

# 下元

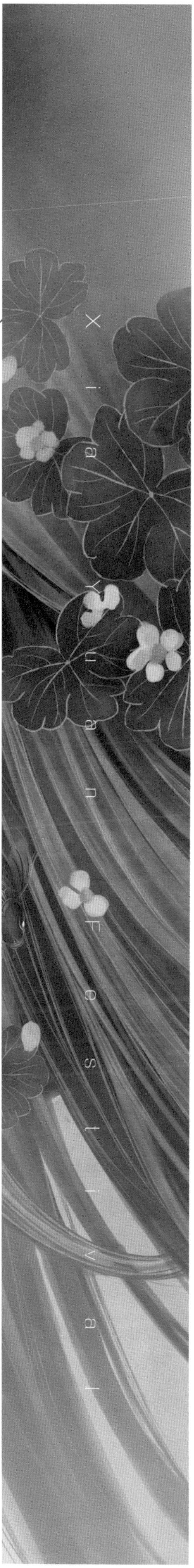


一行人走累了便把酒谈天，坐观灯景。有人提议：『此夜行酒令无趣，不如打灯谜。』

『灯谜？可有彩头？』顾生笑问。

那人一指路边的一处小摊：『彩头便是选此处美人灯一盏，如何？』

几人正值青春年少，闻言都笑了。顾生也道：『灯下观美人，甚好！』

第二日醒来，顾生头痛欲裂，身感不适。举目看去，他已回到自己的家中。唤来小童，梳洗过后，顾生在门廊下看见了一盏平淡无奇的灯。

『这灯怎么挂在此处？』顾生问。

小童答道：『这是少爷昨夜带回来的灯，说是彩头。』

顾生揉了揉额角，对此物竟毫无印象，昨晚的一切都犹如笼在云雾之中。

『摘下来，此灯如此简陋，挂着有何看头？』

凌晨白鹄冲霄

X i a Y u a n F e s t i v a l

顾生解了酒后倒是想起了那晚彩头的由来。酒酣时提了句“不在梅边在柳边”，虽有人答“月”，但又有人答“柳梦梅”。顾生孟浪提了此书出来，被同窗打趣有念卿卿之心，最后竟是因为出题得赠此灯。

自从得了那盏灯，顾生夜夜做起怪梦来。梦中有灯下美人，问为何将她弃之不顾。那境地充满明角灯灯光般的渺渺云气，看不清美人的眉眼。顾生想起自己那日提了《牡丹亭》一书，不禁笑自己孟浪至此，竟也梦到与美人相会。

一日，顾生忆起那盏被丢到一旁的“彩头”，终于想起蹊跷之处，找来小童：“我记得我带回的明明是盏美人灯，为何隔日只剩花草题字？”

那小童吓得瑟瑟发抖：“正是如此呢！少爷，小人也觉得此灯神异非常。而且近日少爷都不得安寝，这灯是否……有古怪？”

顾生想了想，不过是路边摊子卖的灯罢了，能有什么古怪？不过美人灯，美人灯……顾生想起志异怪谈中的艳遇，不禁心中一动，挥退了小童，自行点灯。

是梅花明月

此灯木质灯骨，内置有灯芯，顾生点亮灯后，竟升起一股淡淡幽香。他转动灯彩，光影投至墙上，如皮影一般显现出花草与人影。『犀角为灯，春柳为骨。』四周漫起渺渺云气，美人缓步从灯影中走出，明角覆皮，一点精魂。

顾生瞠目结舌，心中怦然，难道自己竟得了柳梦梅一般的际遇？霎时他冒出一句：『见说风流极，来当婀娜时。』

那人走入灯光中，眉梢入鬓，眼波风流，却是个极俊俏的年轻公子。他作揖笑道：『公子，此灯蕴我枝条上一点精魂，正是不在梅边在柳边。』

灯下美人非婵娟，惊梦一变柳郎君……

顾生满心春梦了无痕，跺脚道：『好个不在梅边在柳边！』

◇ 银色骐骥/绘　◇ 银色骐骥/文

# 冬至

Midwinter Festival

# 冬至

“相传南阳医圣张仲景告老还乡时，恰逢大雪纷飞的冬天，寒风刺骨。他看见南阳白河两岸的乡亲衣不蔽体，有不少人的耳朵被冻烂了，心里非常难过，就叫弟子在南阳关东搭起医棚。将羊肉、辣椒和一些祛寒的药材放到锅里煮熟，捞出来剁碎，用面皮包成像耳朵的样子，再放入锅里煮熟，做成一种叫‘祛寒娇耳汤’的药物，施舍给百姓。服食后，乡亲们的耳朵都治好了。之后，每逢冬至人们便模仿做着吃，故形成了‘捏冻耳朵’的习俗。后来人们称它为饺子，也有的人称它为扁食和烫面饺。人们还纷纷传说吃了冬至的饺子不冻人。”

木瑶放下书，她拿起钢笔正要记录一些关于冬至的各地习俗，突然有人推门走了进来。

“小瑶，今晚爸爸不回家了，你妈妈要加班，你就一个人在家吧。这点钱给你去叫个外卖。”爸爸把钱放在桌上就匆匆忙忙地离开了。木瑶正想把今天自己征文大赛得奖的事情告诉爸爸，可是对方早已经没有了踪影。

木瑶望向挂在墙角的日历，不知何处吹来一阵无名风，翻开了日历上的第二页，只见那页赫然写着：冬至。

“原来明天就是冬至。”木瑶喃喃自语。随即她便又摇摇头，明天父母还是不会回家的，因为他们很忙，忙到不记得时日，明天何止是冬至，还是她的生日。

木瑶坐在床边，只觉得眼皮打架，她昏昏沉沉地睡了过去。

睁眼醒来，她只觉得一切皆是陌生的。

木瑶觉得自己在梦里，却无法让自己醒过来。

“姑娘，你患了冻寒。这冰天雪地的，你怎么一个人躺在这里？”木瑶木讷地望着眼前的男人，她诧异得不得言语，因为这个人很像她的父亲，只是他却比自己的父亲年轻一些，而且她的父亲不会穿……呃，这是汉朝的服饰？

木瑶还没反应过来就被这个男人抱了起来。对方把她抱上了马车，她方才觉得自己的耳朵已经冻坏了，然她居然毫无知觉。

“小姑娘，你家在哪里？”男人问道。

木瑶摇摇头，没有说话。

男人也不再问了，他只是觉得这个小姑娘太像他走失的女儿了。他鬼使神差地把这个女孩带回了家。

张府。

木瑶抬头望着大门口的牌匾，脱口而出道：“你是医圣张仲景？”

“你认识我吗？年轻的时候我就是个大夫，现在年纪不小了，我已辞去官职，打算回故乡度过余生。”张仲景把木瑶带回了张府，吩咐厨房给她准备一些吃的。

这天寒地冻的，唯有温热的食物可以御寒。

不一会儿，便有人端上一盘饺子，木瑶见了胃口大开，瞬间清空了满满的一盘。

“小姑娘，你家住何方？现下外面下着雪，明天我便派人送你回去。”张仲景说道。

木瑶想起那个空荡荡的家，咬紧牙关：“我没有家，我父母整天往外跑，我父亲也是个大夫。明日就是我的生辰，可他从来没有陪过我。”

张仲景笑了笑：“我也有一个像你一般大的女儿，那年瘟疫，我在灾区回不去，恐怕她……这些年我一直很后悔，可是为人父母哪有不疼自己的孩子的。回家吧孩子，你爹娘一定很想你。”

次日清晨，木瑶同张仲景坐上了马车，张仲景要回他的故乡，而木瑶却不知该往何处。她惶恐，觉得自己进入了书中的世界，却不知道该如何回自己的家。

张仲景的马车经过白河两岸，只见路边有许多百姓衣不蔽体，冻坏了双耳，他于心不忍，便令弟子在南阳关东搭起医棚。将羊肉、辣椒和一些祛寒的药材放到锅里煮熟，捞出来剁碎，用面皮包成像耳朵的样子，再放入锅里煮熟，做成一种叫“祛寒娇耳汤”的药物，施舍给百姓。

木瑶见状，也决定帮忙。

她忽然想起小时候，父亲也是这般和自己说过：“自你决定成为一名医者，外人的性命也与你有关。医者仁心，救死扶伤……”

“小姑娘你？”张仲景诧异。

“我的父亲也是一名大夫，也许他现在也在我看不见的地方治病救人呢。”木瑶卷起衣袖，学着大人的模样给百姓们熬汤，张仲景点点头，却不再言语。

“回去吧，你爹娘怕是想你了。”张仲景话完便消失在木瑶的视野中……

木瑶回过头，却发现自己从梦中惊醒，父母正紧紧地抱着自己。

“还好你没事，还好你没事。”父亲说道。

木瑶方觉满屋子消毒水的味道，原来她一直在医院里。

那么，她遇见的医圣张仲景是一场梦吗？

是不是梦已经不重要了，重要的是此刻的团聚。

第二天。

冬至。

木瑶和父母在厨房里做饺子忙了一天，水饺祛寒，这个习俗自古便有。

木瑶正要大吃一顿的时候，父母唱起了生日歌，还给木瑶准备了一个和饺子外形很相似的蛋糕。

原来他们都没有忘记，今天，是冬至，也是木瑶的生辰。

当晚，木瑶在笔记本上记下了那天梦里的饺子，还有那名医圣张仲景。

没人知道她是不是真的回到了那个朝代，遇见了那个医圣，但是她确实吃了饺子，与家人一同过了冬至。

阴极之至，阳气始生，日南至，日短之至，日影长之至，故曰“冬至”。

# 腊八

Laba Festival

◇ GUTANG三朝君/绘 ◇ GUTANG三朝君/文

『用胡桃、红豆、乳覃、枣、栗之类做粥，谓之腊八粥。』孟昭青用手拂过做腊八粥的谷粮，同年幼的小妹说道。她用手点在一把红豆上，拿起又松开，细细摩挲。

这红豆红得像心口滴出的念想。相思玲珑收红豆，花下纤纤素手，入骨相思，拈花凝思。孟小妹抱着一个苹果啃得欢快，显然没有注意到阿姐的神情。阿姐仿佛不是在看一碗豆，一钩绿绸丝绾在窗前，素花陌上，神思游走。

穿青衫的少年说，他只爱着青色，因为那里有她的名字。这些话缱绻在她的心口里，想到这里却更加梗喉。她在等他，等他荣耀归来。她不能陪他上战场，神魂却陪着他走过每一寸土地，拂过每一缕风，暗数千回，不厌痴情。

她低头整理衣裙，抬起眼眸，盈盈水波，睫毛轻轻地颤动。

阿壑，相思予尔。

腊八

# 祭灶

Kitchen God Festival

长雾/文

阿蝎虎/绘

小年这天晚上，家家户户都要祭灶。阿娘却抱着小囡囡，在屋里做针线活儿。

“阿娘，爹爹和哥哥在灶间做什么呀？”小囡囡看着阿娘手里的绣样，心并不在此处。

“爹爹和哥哥在祭灶神爷爷。”阿娘说。

小囡囡圆溜溜的眼睛一转，小声说：“囡囡也可以去吗？”

阿娘摸摸她的头：“男不拜月，女不祭灶。再说，我们囡囡的个头都没有灶台高哩。”

小囡囡摸摸自己的头，思来想去，忍不住说：“囡囡看到碟子里有饴糖……”

阿娘笑了起来：“小馋鬼，那可是给灶神爷爷吃的糖。饴糖甜得灶神爷爷满嘴，他上天去就净说咱们家好话了。”

囡囡想了想，也捂着嘴笑了起来。下回哥哥要是不给饴糖吃，就不在云姐儿跟前说他好话了。

“你又想起什么了？”阿娘看她兀自笑得开心，点了点她的额头。

囡囡收起被饴糖勾走的心思，又问：“那哥哥扎的枣儿马也是给灶神爷爷的吗？”

“是呀，灶神爷爷吃了咱们家的瓜果饴糖，就骑着马儿到天上去咯……”

小囡囡合掌喃喃道：“灶神爷爷，可要多说说我们家好话呀，明年让哥哥给您扎一匹大白马！”

一家之主
上天言好事
下界保平安

夜风从窗缝里钻进来，呜呜地叫着，囡囡睡不着，披上袄子去关窗。廊下的灯笼叫风吹灭了，幽幽的下弦月光下，院子里有个黑魆魆的影子。

小囡囡吓了一跳，可她是整条街上胆子最大的女娃娃，忍不住又探出头去看。

呼哧呼哧，是马儿喘气的声音。

囡囡眯起眼睛仔细瞧，是只小枣儿马，好像哥哥扎的小枣儿马。马上坐着一个穿着红衣的大哥哥……

可这小枣儿马实在太矮了，红衣的大哥哥只能曲着膝，小腿儿都拖到了地上。

小囡囡噗嗤一声笑了出来，这小枣马也只够云姐儿骑。

这一声笑惊动了马上的人，他转头向窗边看来，下弦月竟在他身上笼出一层柔柔的光晕。

啊，是灶神爷爷！囡囡立刻抿住了嘴，她低头合掌："灶神爷爷，可要多说说我们家好话呀，明年一定给您扎一匹大白马！"

心里念叨了一会儿，囡囡又偷眼去看灶神爷爷。只见灶神爷爷拍了拍小马驹，对她无奈地摇摇头。马儿迎着幽光往天上去了，囡囡眼尖，就看到灶神爷爷的嘴上还糊着一层浅黄的饴糖。

饴糖甜得灶神爷爷满嘴，究竟是说好话，还是说不出话呢？

噗嗤，小囡囡赶忙捂住了嘴。

# 除夕

Spring Festival Eve

◇ 林焯 / 绘　◇ 唐宋 / 文

## 除夕

除夕这天下了雪，地上积着薄薄的一层雪。

午夜，远远近近响起了清脆欢快的爆竹声，空气里弥漫着微弱的火药味儿。放完了爆竹，岁末重归寂静，一个少女踏着雪走向村后的那棵红梅树。她穿着一身不太合时宜的绯色轻薄襦裙，好像不怕冷一样。

那棵红梅树前些天才打了几个花骨朵，少女看了看不远处刚刚溅开的爆竹皮，洒在雪地里，好似点点红梅。她低下头在手上呵了点热气，又回过头去看那棵红梅树——枝头的梅花不知什么时候突然开了。

红艳艳的梅花开在冰天雪地里，像少女身着的纱裙一样仿佛不合时宜，却妖冶如火。一朵花从枝头掉下来，正落在少女的云鬓间。她愣了愣，而后弯着眼睛笑了笑，伸出手，将花簪在了发间。

“你来了呀。”

少女清绝的容颜如朝霞映雪，她仰着头，笑眯眯地看着眼前的红梅树。

穿绯色轻薄襦裙的少女不知道在什么时候见过这颗红梅树，而后的数年间，每一年，她都在等这一天。她带着冬日的千丈寒冰归去，带着春日的万里韶华归来。

那红锦般的花树抖了抖，而后花间凭空幻化出了另一个少女。她坐在粗壮的枝丫上，身上明黄色的衣衫恍若映着整个即将归来的明艳春日。

“……你不是……”黄色衣衫少女看着地上鲜艳的纸屑，有些迟疑地问，“害怕这些东西吗？”

“是呀。”站在雪地里的少女点点头，“所以你再不来，我就要走了。不过，现在我也要走了。”

“等等。”黄色衣衫少女微微倾了倾身子，伸出一只手，“上来跟我一起看看花吧。”

“好啊。”

于是在雪地里的少女也伸出手去，两人的指尖在半空微微一碰，一阵风吹过来，少女身上绯色的衣衫纷飞起来，整个人化作萤尘，散在朔风里。

“我已经见过今年最美的花了，明年再见。”

# 除夕

我想跨过悠长的风，
我想跨过冬日连绵的雪，
我想跨过飞鸟不渡的重山，
我想跨过亘古不变的长河，
我想跨过岁末交错的光阴，
然后冰雪消融。
映出温暖的春与繁盛的夏，
将万物的光影簪进你的头发，
最后在你的心上，
开出一朵花。

## 特别感谢

非常感谢参与本书创作的插画师和写作者。

插画师（排名不分先后）：

鸦青染、詹詹詹小花、饭饭千帆、木实君、台风君、飞霜、苏岸aoi、妩酥、六花染雨、阿蝎虎、银色骐骥、GUTANG三朝君、林焯。

写作者（排名不分先后）：

鸦青染、詹詹詹小花、饭饭千帆、木实君、台风君、飞霜、苏岸aoi、六花染雨、银色骐骥、GUTANG三朝君、渡野、青山、长雾、唐宋。